www.ingramcontent.com/pod-product-compliance
Lightning Source LLC
LaVergne TN
LVHW010424070526
838199LV00064B/5409
* 9 7 8 9 3 5 8 7 2 6 4 5 9 *

شیفتہ کا سفرنامۂ حجاز

نواب مصطفیٰ خان شیفتہ

© Taemeer Publications LLC

Shefta ka Safarnama-e-Hijaz (Travelogue)
By: Nawab Mustafa Khan Shefta
Edition: February '2024
Publisher :
Taemeer Publications LLC (Michigan, USA / Hyderabad, India)

ISBN 978-93-5872-645-9
9 789358 726459

مصنف یاناشر کی پیشگی اجازت کے بغیر اس کتاب کا کوئی بھی حصہ کسی بھی شکل میں بشمول ویب سائٹ پر اَپ لوڈنگ کے لیے استعمال نہ کیا جائے۔ نیز اس کتاب پر کسی بھی قسم کے تنازع کو نمٹانے کا اختیار صرف حیدرآباد (تلنگانہ) کی عدلیہ کو ہو گا۔

© تعمیر پبلی کیشنز

کتاب	:	**شیفتہ کا سفر نامۂ حجاز**
مصنف	:	**نواب مصطفیٰ خان شیفتہ**
کمپوزنگ	:	محمد شمشاد خان (اردو محفل)
پروف ریڈنگ / تدوین	:	اعجاز عبید
صنف	:	سفر نامہ
ناشر	:	تعمیر پبلی کیشنز (حیدرآباد، انڈیا)
سالِ اشاعت	:	۲۰۲۴ء
صفحات	:	۳۰
سرورق ڈیزائن	:	تعمیر ویب ڈیزائن

بسم اللہ الرحمن الرحیم

۱۷ ذی الحجہ ۱۲۵۴ھ (مطابق ۲ مارچ ۱۸۳۹) دو شنبہ کے دن شام کے وقت ہمارا قافلہ دلی سے روانہ ہوا۔ سب سے پہلے عالم ربانی شیخ الفقہا سید المحدثین حضرت مولانا محمد اسحاق سے شرف ملاقات حاصل کیا اور دعا کے خواستگار ہوئے پھر درگاہ حضرات خواجہ نظام الدین اولیا رحمۃ اللہ میں پہنچے اور اپنے والد بزرگوار کی قبر پر فاتحہ پڑھی۔ بعدہٗ حضرت خواجہ قطب الدین بختیار کاکی اوشی رحمۃ اللہ کے آستانے پر حاضر ہوئے اور رات وہیں بسر کی۔ دوسرے دن قطب صاحب سے چلے اور گڑ گانواں، پانودی، ریواڑی، شاہ جہان پور، بڑور، کوٹ پتلی، بہابرہ، منوہر پور اور اچرول سے ہوتے ہوئے ۲۸ ذی الحجہ کو جے پور پہنچے۔ ۴ محرم الحرام ۱۲۵۵ھ کو جے پور سے چلے اور بگرو، ڈوڈو اور کشن گڈھ سے ہوتے ہوئے ۷ محرم کو دار الخیر اجمیر میں وارد ہوئے۔ یہاں سب سے پہلے حضرت خواجہ معین الدین چشتی اجمیری قدس سرہ کے مزار پُر انوار کی زیارت کی۔ درگاہ کی رعنائی اور اس مسجد کی دلربائی کا کیا حال بیان کروں جو روضے کے پاس واقع ہے۔ اجمیر سے چل کر نصیر آباد چھاؤنی، بہناہ، انگوچھہ، بھنیسرہ، بھیل واڑ اور سونواناں پر منزلیں کرتے ہوئے ۱۸ محرم کو چتوڑ پہنچے۔ یہ ریاست اودے پور میں واقع ہے۔ یہاں کا قلعہ سارے ہندوستان میں مشہور ہے۔ چتوڑ کا خربوزہ گفتار محبوب سے زیادہ شیریں ہوتا ہے۔

نصیر آباد سے چتوڑ تک اگرچہ جگہ جگہ انگریزوں کے بنوائے ہوئے ڈاک بنگلے

موجود ہیں لیکن منتظمین کی عقل کو کیا کہیے کہ سب بنگلے آبادی سے دور ہیں۔ اس پر طرہ یہ کہ ان کے قریب کوئی سایہ دار درخت ہے نہ کوئی چشمہ یا کنواں۔ اسی لئے ان ڈاک بنگلوں میں ٹھہرنا انسانوں اور جانوروں کے لئے شدید تکلیف کا باعث ہوتا ہے خصوصاً موسم گرما میں۔

چتوڑ میں ایک دن قیام کر کے نیمہ ہیڑہ، نیمچ، ملہار گڑھ، مندسور، کچنارہ اور جاورہ سے ہوتے ہوئے ۳ صفر المظفر کو رتلام پہنچے۔ یہاں یہ ذکر کرنا ضروری ہے کہ پاک پانی شروط احناف کے مطابق مذکور مقامات پر بالکل دستیاب نہ تھا۔ اس لئے اضطراری حالت میں امام مالک کے فتوے پر عمل کرنا پڑا۔ اب آگے اس سے بھی زیادہ پانی کی نایابی سننے میں آرہی ہے، معلوم نہیں اب کیا مسلک اختیار کرنا پڑے۔

رتلام سے چل کر مہی، کرررا ود، بھگوڑا اور ایک غیر آباد منزل پر ایک ایک دن قیام کرتے ہوئے ۹ صفر کو دوحد پہنچے۔ یہ جگہ گوالیار کے مضافات میں ہے، شہر کے باہر ایک چشمے کے کنارے قیام کیا۔ اس جگہ کو دوحد اس لئے کہتے ہیں کہ یہ مالوہ اور گجرات کے درمیان حد فاضل ہے۔ عالمگیر بادشاہ اسی جگہ پیدا ہوئے تھے۔ شاہ جہاں بادشاہ نے اسی شہر کو آباد کیا ہے۔

دوحد سے چل کر جے کوٹ، پانیا اور ادرواڑہ پر منزلیں کرتے ہوئے ۱۳ صفر کو گودرہ پہنچے۔ یہ ریاست گوالیار میں واقع ہے۔ رتلام سے گودرہ تک کا تمام علاقہ بے آب و گیاہ خارستان ہے۔ ہوا بھی وہاں سے بچ کر نکلتی ہے۔ اس سے گزرتے ہوئے جو اذیت ہوتی ہے، وہ حد بیاں میں نہیں آسکتی۔

گودرہ کو خیرباد کہہ کر ۱۵ صفر کو کلول پہنچے۔ گودرہ سے کلول تک سارا راستہ اتنا شاداب و پر بہار ہے کہ احاطہ تحریر میں نہیں آسکتا۔ قسم قسم کے درختوں کی کثرت،

رنگ رنگ کے پھولوں کی فراوانی اور طائران خوش الحان کی نغمہ سنجی کے سبب یہ علاقہ نہایت عمدہ تفریح گاہ ہے۔

۱۵ صفر کا دن کلول میں گزارا اور ۱۶ صفر کو جرود میں۔ جرود سے چل کر ۱۷ صفر کو بڑودہ پہنچے۔ نواب حسام الدین حسین خان نے بڑی محبت کے ساتھ اپنے دولت خانے میں اتارا اور مہمان نوازی میں کوئی کسر اٹھا نہ رکھی۔

آٹھ دن بڑودہ میں قیام کے بعد آگے چلے اور لہنو اور نکاریہ سے ہوتے ہوئے ۲۸ صفر کو بڑوچ پہنچے۔ دریائے نربدا اس کے قریب بہتا ہے۔ اس مقام تک سمندر کا مد و جزر اثر انداز ہوتا ہے۔ آج کل سمندر میں طوفان آیا ہوا ہے۔ اس لئے نربدا کا پانی کھاری ہو گیا ہے۔ برشگال اور سرما میں اس کا پانی میٹھا ہوتا ہے۔ ۲۹ صفر کو بڑوچ سے رخصت ہو کر دریائے نربدا عبور کر کے اکلسیر میں قیام کیا۔ یکم ربیع الاول کو چوکی کے مقام پر ٹھہرے اور ۲ ربیع الاول کو بندر گاہ سورت پہنچے۔

سورت ایک بڑا اور آباد شہر ہے لیکن اس کے گلی کوچے تنگ ہیں، آب و ہوا سرد و مرطوب ہے۔ شہر کے اکثر لوگ دریائے تاپتی کے کنارے پر آباد ہیں۔ اس دریا میں بھی دریائے نربدا کی طرح مد و جزر ہوتا رہتا ہے۔ جس زمانے میں ہم سورت پہنچے دریائی سفر کا زمانہ گزر چکا تھا، اس لئے دریا کے راستے بمبئی جانا ممکن نہ تھا۔ لا محالہ خشکی کا راستہ اختیار کرنا پڑا لیکن جب بارش کا آغاز ہوا تو خشکی کا راستہ بھی بند ہو گیا کیونکہ اس علاقے کی مٹی گیلی ہو کر دلدل بن جاتی ہے۔

ابھی ہمارے وطن کے حساب سے موسم برسات شروع ہونے میں ایک مہینہ باقی ہے لیکن یہاں موسلا دھار بارش ہو رہی ہے، بجلی چمک رہی ہے اور بادل گرج رہے ہیں۔ چند روز کے بعد بارش تھم گئی اور کچھ کچھ راستہ کھلا۔ میں ۲ ربیع الثانی کو چلنے کے لئے تیار ہو

گیا۔ اہل شہر اور اپنے کچھ ساتھیوں نے اس وقت سفر شروع کرنے سے منع کیا کہ اگر راستے میں بارش نے آلیا تو چلنا دو بھر ہو جائے گا لیکن میں جنون عشق میں مبتلا تھا، جلد از جلد دیار حبیب صلی اللہ علیہ وسلم پہنچنے کی تمنا تھی۔ اس لئے ان لوگوں کا مشورہ قبول نہ کیا اور توکل بخدا سورت سے چل پڑا۔

۲ ربیع الثانی کو سورت سے سات کوس چل کر لاج پور میں منزل کی۔ ۳ ربیع الثانی کو لاج پور سے نوساری پہنچے۔ یہ ایک بہت بڑا قصبہ ہے۔ نوساری میں ایک دن قیام کے بعد بلساڑ اور پاڑی نام میں منزلیں کرتے ہوئے ۶ ربیع الثانی کو دمن پہنچے۔ دمن دو ہیں ایک خرد اور ایک کلاں۔ دونوں ساحل بحر محیط پر مشرق کی جانب واقع ہیں۔ ہمارا قیام دمن خرد میں ہوا۔ سہ پہر کو میں چند آدمیوں کے ساتھ کشتی کے ذریعہ دمن کلاں گیا تا کہ کچھ تفریح ہو جائے۔ دونوں دمن شاہ پرتگال کی حکومت میں شامل ہیں۔

دمن سے ۷ ربیع الثانی کو چلے اور عمر گاؤں، دینو، مرمد، دنتورا، بسی اور گھڑ بندر سے ہوتے ہوئے ۱۴ ربیع الثانی کو دو پہر کے وقت مہائم پہنچے۔ مہائم سے بمبئی صرف تین کوس کے فاصلے پر ہے۔ اسے باب بمبئی کہتے ہیں۔ میں سارے قافلے کو مہائم میں چھوڑ کر مکان کی تلاش میں بمبئی چلا گیا۔ قلعہ اور شہر کے مکانوں میں صحن نہیں ہیں جبکہ میں وسیع صحن والے مکان میں رہنے کا عادی ہوں۔ شہر سے بالکل قریب وہاں ایک عمدہ مکان جس کے ساتھ دلکشا باغ بھی ہے منتخب کیا۔ تین دن مکان کا فرش فروش درست کرنے میں صرف ہوئے، اس اثنا میں ہمارا قیام مہائم میں رہا۔

تین دن کے بعد ہم نئے مکان میں اٹھ آئے۔ شہر بمبئی کا کیا بیاں کروں، اس کے بازار کشادہ ہیں اور ہر قسم کی جنس اور دوسری چیزیں افراط کے ساتھ دستیاب ہیں۔ آب و ہوا اچھی نہیں۔ باقی ہر خوبی موجود ہے، ہر مذہب اور قوم کے لوگ یہاں رہتے ہیں۔ کوئی

تجارت کے لئے آیا ہے، کوئی سیاحت کے لئے کوئی کاریگر ہے کوئی شوق حرم میں ٹھہرا ہوا ہے۔ بمبئی کے اصلی باشندے کوکنی اور پارسی ہیں۔ کوکنی فقہ شافعی کے پابند ہیں۔

شہر بمبئی میں سب سے پہلے جامع مسجد بمبئی کے خطیب معلم ابراہیم سے ملاقات ہوئی۔ یہ حضرت موت کے ایک خاندان سے تعلق رکھتے ہیں۔ البتہ ان کا مولد و منشا سورت ہے، پانچ سال سے بمبئی میں مقیم ہیں۔ ان کے علاوہ شہر کے دوسرے معززین سے بھی ملاقات کے مواقع حاصل ہوئے۔ بمبئی کے مکانات کی بنا لکڑی پر ہے۔ یہاں ابر و باراں کے جو طوفان آتے رہتے ہیں، انہیں لکڑی کے سوا کوئی دوسری چیز برداشت نہیں کر سکتی۔

شاہ جہاں آباد (دلی) سے جس دن سے ہم چلے ہیں، ہر ہر شہر اور علاقے کے لوگوں میں عادات و اطوار اور معاشرت کا اختلاف مشاہدہ کیا۔ ان میں سے ایک یہ ہے کہ دلی سے یہاں تک ہر منزل اور مقام پر تانبے اور چاندی کے مختلف سکے چل رہے ہیں۔ وزن اور ناپ کے پیمانے بھی مختلف ہیں۔ ایک جگہ کا سکہ دوسری جگہ نہیں چلتا اور ایک جگہ کا پیمانہ دوسری جگہ کے پیمانہ کے برابر نہیں۔

بمبئی میں ایک عجیب جانور دیار عرب سے لایا گیا ہے۔ اس کی گردن اونٹ جیسی ہے اور سینگ اور پاؤں گائے جیسے، رنگ چیتے جیسا اور جسم پر داغ بھی اسی کی کھال جیسے ہیں۔ عرب لوگ اسے زرافہ کہتے ہیں اور اہل عجم "اشتر گاؤ پلنگ" یہ جانور اللہ تعالیٰ کی عجیب مخلوق ہے۔

سازگار موسم کے انتظار میں تقریباً چار ماہ تک بمبئی میں قیام کرنا پڑا۔ بالآخر آہ سحر گاہی کے اثر سے باد مراد چلی اور وقت آگیا کہ ہم بلا خوف و خطر بحر سفر کریں۔

۱۵ شعبان ۱۲۵۵ھ کو ہمارا بادبانی جہاز بمبئی سے روانہ ہوا اور ۵ رمضان المبارک کو

عدن کی بندر گاہ پر پہنچا۔ عدن میں چند پختہ مکانات کے سوا باقی سب مکانات خس پوش ہیں۔ ہم نے سید زین کے ہاں قیام کیا جو اسی بستی کے سر بر آوردہ مشائخ میں سے ہیں، پہلے سے کوئی واقفیت نہ ہونے کے باوجود کمال درجے کی شفقت و محبت سے پیش آئے۔ عدن پر آج کل انگریزوں کی حکومت ہے۔ سات ماہ گزرے انہوں نے سابق حکمران سے اس شہر کو چھین لیا۔ اس کا سبب یہ ہوا کہ انگلستان کی حکومت کو اپنے دخانی جہازوں کے لئے جو سویز کے راستے لندن آتے جاتے ہیں، ایک ایسا مقام مطلوب تھا جہاں سے سامان، "آب و آتش" آسانی سے فراہم ہو سکے، چنانچہ انہوں نے فرمانروائے عدن کو پیشکس کی کہ عدن کی آمدنی سے زیادہ ہم سے لو اور یہاں کی حکومت ہمارے حوالے کر دو۔ امر عدن ایک نا تجربہ کار سیدھا سادہ آدمی تھا، اس نے نتائج پر غور کئے بغیر معاہدہ لکھ دیا۔ جب انگریزوں نے عدن کا قبضہ مانگا تو اس کی آنکھیں کھلیں۔ قبضہ دینے سے گریز کیا، اس پر انگریزوں نے اس سے لڑائی چھیڑ دی اور عدن پر بزور قبضہ کر لیا۔ جس رقم کا امیر سے وعدہ کیا تھا وہ بھی اسے نہ دی۔ میرے آنے سے ایک دن پہلے ایک جھڑپ ہو بھی چکی ہے۔

عدن کا شہر سمندر کے ساحل سے تین کوس دور ہے، یہ مسافت شہر جانے والے بحری مسافروں کے لئے انتہائی تکلیف کا باعث ہے۔ کیونکہ آنے جانے کے لئے خاص انتظام کرنا پڑتا ہے۔ دو رات عدن میں قیام کر کے ۷ رمضان کو واپس جہاز پر آئے۔

۸ رمضان کو جہاز کے بادبان کھولے گئے۔ ۹ رمضان کو چاشت کے وقت باب المندب سے بخیریت گزرے۔ یہ بڑی خطرناک گزر گاہ ہے۔ دوپہر کے قریب جہاز نے بندر گاہ مخا میں لنگر ڈالا۔ ہم اگلے دن دس رمضان کو شہر مخا گئے۔ یہاں کی عمارتیں پختہ اور سفید ہیں لیکن گلی کوچے بے حد تنگ ہیں۔ یہاں سبزیوں اور پھلوں کی افراط ہے۔ (یمن)

کے رہنے والے ایک عالم مولانا محمد جمال سے ملاقات ہو گئی۔ یہ مخا کی جامع مسجد میں بخاری شریف کا درس دیتے ہیں۔ قضا و قدر نے اہل یمن کے قامت زیبا کو تقویٰ و علم کے لباس آراستہ کیا ہے۔ صنعا جو یمن کا مرکزی شہر اور دارالحکومت ہے، محدث خیر سر زمین ہے، قاضی شوکانی جو صنعا کے قاضی القضاۃ تھے بتاؤ کہ سلف کے بعد فن حدیث میں تبحر کے اعتبار سے ان جیسا کون ہے؟ قاضی صاحب فروع میں کسی امام کی تقلید نہیں کرتے تھے۔

اپنے اجتہاد پر عمل کرتے تھے۔ ۱۳؍ رمضان کو شام کے وقت جہاز حدیدہ کے قریب لنگر انداز ہوا۔ رات کو ساحل کے نزدیک نہ جا سکے۔ ۱۴؍ رمضان کو جہاز حدیدہ کی بندرگاہ میں ٹھہرا۔ ۱۵؍ رمضان کو ہم حدیدہ شہر میں گئے۔ ایک مکان کرایہ پر لیا جو جامع مسجد کے قریب تھا۔ آج کل مخا، حدیدہ اور یمن کا کچھ اور علاقہ محمد علی بادشاہ مصر کے قبضے میں ہے۔ ابراہیم پاشا کو یہاں کا گورنر مقرر کیا ہے۔ اس جگہ کے سربرآوردہ علما میں شیخ عمر سندھی حنفی ہیں۔ سندھ سے یہاں آ کر کسب علم کیا ہے۔ ان کے پاس بے حد عمدہ کتابیں کثیر تعداد میں ہیں۔

حدیدہ سے دس کوس کے فاصلے پر مرادہ نامی ایک گاؤں ہے جو جناب سید محمد عبدالباری کی جائے سکونت ہے۔ ان کے فضائل مدت سے سن رکھے تھے اس لئے ان کی زیارت کی بے حد تمنا تھی۔ ۱۹؍ رمضان کی شب کو عازم مرادہ ہو گیا اور صبح کے وقت وہاں پہنچ گیا۔ سید صاحب موصوف نے جس خلوص و محبت سے اس فقیر کا خیر مقدم کیا، وہ حد بیان میں نہیں آ سکتا۔ مختصر یہ کہ مہمان نوازی ان سے سیکھنی چاہیے۔

۲۷؍ رمضان المبارک ۱۲۵۵ھ کو جہاز حدیدہ سے روانہ ہوا۔ تین دن بعد تیسویں رمضان کی شب میں ایک گھڑی رات گزری ہو گی کہ یکایک جہاز سمندر میں چھپی ہوئی

ایک چٹان سے ٹکرا گیا۔ ٹکر کا لگنا تھا کہ اس میں شگاف ہو گیا۔ اس وقت موت ہمیں اپنے سامنے کھڑی نظر آ رہی تھی۔ رات بیم و رجا کے عالم میں گزری۔ جب سورج کی روشنی خوب پھیل گئی تو دور سمندر کے درمیان ایک دھبہ نظر آیا جو کوئی جزیرہ معلوم ہوتا تھا، فوراً جہاز سے ایک چھوٹی کشتی اتار کر سمندر میں ڈال دی گئی۔ ہم اس پر بیٹھ گئے اور اس کا رخ جزیرے کی طرف موڑ دیا۔

ہماری کشتی کا حال ایک پتے جیسا تھا، آندھی اڑائے اڑائے پھرے، موجوں کے تھپیڑے کبھی اسے ادھر پھینک دیتے اور کبھی ادھر دھکیل دیتے، کبھی کشتی پانی پر چلتی اور کبھی پانی کشتی پر سے گزرتا تھا۔ اہل کشتی سر تا پا پانی سے بھیگ گئے لیکن اس کیفیت سے کیا خوف ہوتا؟ میں تو دوب رہا ہوں مجھے تری کا کیا ڈر۔ بعد از خرابی بسیار کسی نہ کسی طرح اس جزیرے تک پہنچ گئے۔ یہ جزیرہ اس قدر چھوٹا تھا کہ چشم حاسد بھی اس سے کہیں زیادہ فراخ ہوتی ہے اور دل لئیم اس سے زیادہ کشادہ ہوتا ہے۔ اس پر مستزاد یہ کہ وہاں کسی درخت کا وجود تک نہ تھا کہ اس کے سائے میں بیٹھ سکیں یا اس کا پھل کھا سکیں۔ پانی اور کھانے کی کسی چیز کا بھی نام و نشان تک نہ تھا۔ جزیرے کا نہ کوئی ساحل تھا اور نہ وہاں تک پہنچنے کا کوئی راستہ۔ لیکن اس کے سوا کوئی چارہ نہ تھا کہ کسی نہ کسی ڈھب سے اس جزیرے میں اتر جائیں اور "اجل مقدر" تک وہیں قیام کریں۔

تباہ ہونے والے جہاز سے اترتے وقت جو سامان پانی سے محفوظ اور اوپر تھا اس کو سمندر میں ڈال دیا گیا تھا کیونکہ اس کو لے جانے بظاہر یہی ایک صورت تھی۔ جو سامان ہماری قسمت میں تھا وہ خالق بحر و بر کے حکم سے ہم کو مل گیا اور جس کو ضائع ہونا تھا وہ ضائع ہو گیا۔ اللہ کا شکر ہے کہ بیشتر سامان ہمیں مل گیا مگر اس وقت نہ سامان ضائع ہونے کا غم تھا اور نہ مل جانے کی خوشی۔ میٹھے پانی کے بڑے بڑے پیپے بھی سمندر میں ڈال دیئے

گئے۔ ان میں سے صرف آٹھ پیپے ہاتھ آئے۔ اسی طرح سامان خوارک میں جتنا حصہ نکالا جاسکا نکال لیا۔ اس میں زیادہ تر چاول اور باجرہ تھا جس کو اہل جہاز نے تجارت کے لئے لادا تھا۔ جزیرے پر اترنے کے بعد جب ہمارے ہوش و حواس بحال ہوئے تو آپس میں مشورہ کیا کہ اب کیا کرنا چاہیے۔ پانی کے صرف آٹھ پیپے ہیں اور آدمی دو سو سے زیادہ۔ کھانے پینے کی اور کوئی چیز جزیرے میں موجود نہیں۔ ظاہر ہے کہ پانی کے آٹھ پیپے چند روز میں ختم ہو جائیں گے اور جب تک کسی دوسرے مقام کا پتہ نہ چلے یہاں سے چلنا ممکن نہیں۔ سب نے بیک زبان کہا اس چھوٹی کشتی میں ہم میں سے چند آدمی جان ہتھیلی پر رکھ کر بیٹھ جائیں اور پھر دیکھیں کہ پردہ غیب سے کیا ظاہر ہوتا ہے۔ اگرچہ ایسی معمولی کشتی کا بحر زخار سے سلامت گزر جانا محال نظر آتا ہے مگر مجبوری ہے۔ اگر سمندر میں اس کے غرق ہونے کا ڈر ہے تو جزیرے میں پیاس سے تڑپ تڑپ کر مر جانے کا خوف ہے۔ آخر چار دن کے بعد "ڈوبتے کو تنکے کا سہارا" کے مصداق نو آدمی اس چھوٹی سے کشتی میں بیٹھ کر ساحل کی تلاش میں روانہ ہوئے۔ ان کے امیر مولانا فضل علی تھے۔ ان میں ایک مولوی برہان الدین بھی تھے۔ یہ پنجاب کے رہنے والے ہیں۔ ان سے یمن میں ملاقات ہوئی تھی۔ نہایت نیک سرشت اور صحیح الفکر آدمی ہیں۔ دو حج اس سے پہلے کر چکے ہیں۔ اس بار ارض پاک میں مستقل سکونت کے ارادے سے ہجرت کر کے جا رہے ہیں۔ ان لوگوں کے جانے کے بعد ہم جزیرے میں بیٹھ کر رحمت الٰہی کا انتظار کرنے لگے۔ ہر صبح کو بیدار ہو کر سمندر پر نگاہیں گاڑ دیتے اور ہر شب سونے سے پہلے اس کشتی کا ذکر ضرور کرتے۔

اس کشتی کو روانہ ہوئے بارہ دن گزر گئے کہ شام کے وقت سطح سمندر پر دو چھوٹی کشتیاں نمودار ہوئیں۔ یہ ہمارے لئے عید کے چاند کی مانند تھیں ہم نے خیال کیا کہ

ہمارے ساتھی ساحل کا پتہ معلوم کر کے واپس آ گئے لیکن جب ملاح اتر کر ہمارے پاس آئے تو یہ دیکھ کر ہماری حیرت کی انتہا نہ رہی کہ وہ سب اجنبی ہیں۔ ان سے گفتگو ہوئی تو انہوں نے بتایا کہ تم نے جو آدمی بھیجے تھے وہ سات دن کے بعد قنفذہ (ساحل سمندر پر ایک گاؤں) پہنچ گئے تھے اور وہاں کے حاکم کو اپنی داستان مصیبت سنائی تھی۔ اس حاکم کے حکم سے سات چھوٹی کشتیاں تمہاری مدد کے لئے روانہ ہوئیں۔ وہ کئی دن تک سمندر میں یہ جزیرہ تلاش کرتی رہیں۔ لیکن اس کا کوئی سراغ نہ ملا، بالآخر پانچ کشتیاں ان کے ملاح واپس قنفذہ لے گئے۔ مولانا فضل علی اور ان کے ساتھیوں نے ان لوگوں کو واپس ہونے سے بہت روکا لیکن وہ نہ مانے۔ ہم دو کشتیاں لے کر بحر عجم کی طرف روانہ ہوئے اور جزیرے کی تلاش میں دن رات ایک کر دیئے۔ اللہ کا شکر ہے کہ ہم اسے تلاش کرنے میں کامیاب ہوگئے اور تمہارے پاس پہنچ گئے۔

اب اس جزیرے سے چلنے کا مرحلہ آیا تو معلوم ہوا کہ اتنے زیادہ آدمیوں کا ان کشتیوں میں سمانا دشوار ہے۔ مجبوراً ایک کشتی تین روز بعد اور دوسری چھ روز بعد جس قدر آدمی بٹھائے جاسکے بٹھا کر روانہ کر دی اور خود اللہ پر توکل کر کے اسی ویرانے میں ٹھہرا رہا۔ اللہ تعالیٰ کی رحمت اپنے بندوں پر حد بیان سے باہر ہے۔ بنا بریں جہاز ٹوٹنے کے پچیسویں دن یکایک دو اور کشتیاں آتی دکھائی دیں۔ جب کنارے پر پہنچیں تو ملاحوں میں سے کوئی صورت آشنا نہ پایا۔ علیک سلیک کے بعد ان سے پوچھا یہاں کیسے پہنچے تو انہوں نے بتایا کہ وہ پانچ کشتیاں جو واپس چلی گئی تھیں قنفذہ پہنچیں اور اپنی سعی ناکام کا حال سنایا تو حاکم قنفذہ ان پر سخت غضبناک ہوا اور ان کو حکم دیا کہ واپس جا کر دوبارہ جزیرہ تلاش کریں۔ حاکم نے ان کے ساتھ ایک اور کشتی بھیجی۔ چند روز تو سب کشتیاں ساتھ ساتھ چلیں پھر موجوں کے تلاطم اور ہوا کے طوفان سے الگ الگ ہو گئیں۔ ہم اتفاق سے

تمہارے پاس پہنچ گئے۔ دوسری کشتیاں کدھر گئیں اور اب کہاں ہیں ہمیں اس کی کچھ خبر نہیں۔

ان دو کشتیوں کے آنے پر ہم نے پختہ ارادہ کر لیا کہ اس دفعہ ہم سب ان پر سوار ہو کر اس جزیرے کو چھوڑ دیں گے۔ اگر تمام آدمیوں کی گنجائش نکلنے کے لئے کچھ سامان چھوڑنا پڑا تو اسے بھی چھوڑ دیں گے۔ ابھی ان کشتیوں پر سوار ہونے کا قصد ہی کر رہے تھے کہ باد و باراں کا طوفان آ گیا اور سمندر میں وہ تلاطم برپا ہوا کہ الامان و الحفیظ، ناچار طوفان فرو ہونے کا انتظار کرنے لگے۔ کہیں دس دن بعد طوفان باد و باراں ختم ہوا اور ہم ۵ ذیقعد کو عصر کے وقت اس ویرانے کو خیر باد کہہ کر کشتیوں میں سوار ہو گئے۔ ۸ ذیقعد کو دوپہر کے وقت بخیریت ایک ساحلی قصبہ کے ساحل پر پہنچ گئے۔ الحمد للہ علیٰ ذالک حمداً کثیر اً ویران جزیرے میں ہم ایک ماہ پانچ دن مقیم رہے۔

سب سے پہلے پینے کے پانی کا حال بیان کرتا ہوں کہ اتنی قلیل مقدار تقریباً دو سو آدمیوں کے لئے ۳۵ دن تک کیسے کافی ہوئی۔ اس سن کر اللہ تعالیٰ کی قدرت کاملہ کا جلوہ نظر آئے گا سنو! ایک پیالہ صبح کو اور ایک شام کو ہر شخص کو ملتا تھا۔ اس احتیاط اور کفایت شعاری کے باوجود یہ امید بالکل نہیں تھی کہ یہ پانی پندرہ بیس دن تک ہمارا ساتھ دے گا۔ ان دو پیالوں سے پیاس کیا بجھتی اور روٹی پکانے کی کیا تدبیر ہوتی؟ مجبوراً سمندر کے آب شور سے کھانا پکانے کا کام لیا۔ اللہ تعالیٰ کی قدرت دیکھو کہ ابر کا ایک ٹکڑا نمودار ہوا اور اس سے باران رحمت کا نزول ہوا۔ ہم نے جزیرے میں گڑھے کھود لئے اور برتن رکھ دیئے، اس طرح کچھ پانی فراہم ہو گیا اور دو تین دن کھانے پینے کا سامان حسب دلخواہ ہو گیا۔ اس کے بعد میرے دل میں خیال آیا کہ سمندری پانی اگر کشید کر لیا جائے تو شاید پینے کے قابل ہو جائے چنانچہ ایسا کیا گیا تو واقعی کھاری پانی بہت لذیذ ہو گیا۔

طول سخن کو تاہ اس زمانے میں جبکہ بظاہر ابتلا کی صورت تھی مگر اس کے پردے میں اللہ تعالیٰ کے گوناگوں افضال پوشیدہ تھے اگر ان عنایات الٰہی کی تفصیل بیان کروں تو ریاکاری کی تہمت سے ڈرتا ہوں، اگر ان کا تذکرہ بالکل چھوڑ دوں تو کفران نعمت کی سزا سے ہراساں ہوں۔ تحدیث نعمت کے طور پر عرض کرتا ہوں۔ اللہ تعالیٰ کا پہلا انعام یہ تھا کہ اس صبر نے سپاس گزاری اور ثناخوانی کا دامن ہاتھ سے چھوٹنے نہیں دیا۔ دوسرا انعام یہ ہے کہ اس خرابے میں تحیر خیز طریق پر آب و دانہ عطا فرمایا اور پھر ہمیں ہلاکت خیز جگہ سے آسانی کے ستھ نکال بھی دیا۔ تیسرا انعام یہ ہے کہ ہم میں کسی ایک کو بھی کوئی ضرر نہیں پہنچا۔ سامان میں سے بھی ننانوے فیصد بچ گیا۔ فی الحقیقت اللہ تعالیٰ کی نعمتوں کا شمار کرنا انسان کی طاقت سے باہر ہے۔

لیث میں ہم نے ۹ ذیقعد تک قیام کیا پھر صحرا کے راستے مکہ معظمہ زادہا اللہ شرفاً و تعظیماً کا عزم کیا۔ رات کو روانہ ہوئے اور صبح کاذب کے وقت سعدیہ پہنچ گئے۔ وہاں احرام باندھا اور ۱۵ ذیقعد کو نماز مغرب سے پہلے مکہ معظمہ کی طرف روانہ ہو گئے۔ ۱۷ ذیقعد کو بطحا کی مقدس وادی میں پہنچ گئے۔ الحمد للہ ثم الحمد للہ کعبۃ اللہ کے جلوے نے تمام غم دور کر دیئے۔ ہونٹوں کو حجر اسود چومنے کی سعادت نصیب ہوئی۔ پیشانی عتبہ عالیہ پر گھسنے سے منور ہوئی۔ ہاتھوں کو استلام رکن کا شرف حاصل ہوا۔ آب زم زم نے شراب طہور کی بشارت دی۔ طواف بیت اللہ نے آتشیں دوزخ سے نجات کی نوید دی۔ کعبہ شریف کے پردے دونوں ہاتھوں سے تھام کر گویا دامن امید تھام لیا۔ صفا و مروہ کی سعی کی برکت سے پاؤں "کوہ آتش" پر چڑھنے اترنے سے محفوظ ہو گئے۔ میں نے احرام تمتع باندھا تھا اس لئے پہلے دن احرام سے نکل آیا۔ اس خیر البلاد میں مجھ مسافر کا قیام مدرسہ شریف محمد میں ہوا جو حرم شریف سے ملحق اور باب العمرہ کی جانب ہے۔

مکہ معظمہ آنے کے چھ دن بعد مولانا فضل علی ان اصحاب کے ساتھ جو ویران جزیرے سے پہلی کشتی میں بیٹھ کر ہم سے جدا ہوئے تھے، مکی معظمہ پہنچ گئے۔ ان کو دیکھ کر بے پناہ مسرت ہوئی۔ بار بار اللہ تعالیٰ کا شکر ادا کیا۔ ان لوگوں پر جو گزری اس کا خلاصہ یہ ہے کہ جزیرے سے چلتے وقت ان کو تین دن کی خوراک دی گئی تھی۔ یہ تین دن میں ختم ہو گئی تھی تو وہ بھوک پیاس سخت نڈھال ہو گئے۔ اچانک چھٹے دن ایک بڑی کشتی جس کو بغلہ کہتے ہیں اس کے پاس سے ہو کر گزری۔ بغلہ میں سوار لوگوں کو اس بے ساحل بحر زخار میں ایک چھوٹی سی کشتی دیکھ کر بڑی حیرت ہوئی۔ انہوں نے اہل کشتی کو آواز دے کر پوچھا کہ آپ لوگوں کا یہاں کیسے آنا ہوا لیکن اہل کشتی اس قدر کمزور اور درماندہ ہو چکے تھے کہ جواب دینے کی طاقت بھی نہ تھی۔ اہل بغلہ نے رحم کھا کر ان سب کو بغلہ میں بٹھا لیا اور ان کی کشتی بغلہ کے پیچھے باندھ لی۔ ایک دن کے سفر کے بعد بغلہ قنفذہ پہنچ گیا۔

اب ان کشتیوں کا حال سنو جو قنفذہ سے دوبارہ چل کر بھٹک گئی تھیں۔ ان میں دو کشتیوں کو ایک جہاز دور سے آتا دکھائی دیا۔ اس کے قریب پہنچ کر اپنی سرگزشت سنائی۔ جہاز کے ناخدا نے ان میں سے چند آدمی اپنے جہاز میں بٹھا لئے اور تین روز تک اس جزیرہ کو ڈھونڈنے میں مصروف رہا لیکن جب اس کا کوئی سراغ نہ ملا تو اہل کشتی سے معذرت کر کے اپنی منزل کی جانب چلا گیا۔ اس جہاز کے جانے کے بعد ان لوگوں کے دماغ میں یہ بات آئی کہ بحر عرب کے سب چھوٹے بڑے جزیرے ہم نے دیکھ لئے ہیں یقیناً یہ ویران جزیرہ عجم میں واقع ہے۔ چنانچہ وہ بندرگاہ سواکن (ملک حبشہ) کے ساحل پر پہنچے اور وہاں کے حاکم کو تمام داستان سنائی، وہ حسن سلوک سے پیش آیا اور ایک بڑی کشتی ایک جہاندیدہ ملاح کی سرکردگی میں ان کے ساتھ بحر عجم کی طرف روانہ کی دی۔ ملاح اپنے صحیح اندازے سے ایک دن کے بعد اس جزیرے پر پہنچ گیا لیکن وہاں کسی متنفس کو موجود نہ

پایا۔ ہم ان کے پہنچنے سے پہلے یہ جزیرہ چھوڑ چکے تھے۔

مکہ معظمہ بڑا شہر ہے۔ اس میں بڑی آبادی اور رونق ہے، یہاں سب سے اچھا اور بڑا بازار صفا و مروہ کا بازار ہے۔ اس میں دنیا جہاں کا سامان اور کپڑا ملتا ہے۔ سبحان اللہ باوجودیکہ کوئی چیز پیدا یہاں نہیں ہوتی مگر دنیا کی کوئی شے ایسی نہیں جو یہاں موجود نہ ہو۔ یہ بات سیدنا ابراہیم نبینا علیہ الصلوۃ والسلام کی دعا وارزق اھلہ امن الثمرات کا نتیجہ ہے۔ ہند، سندھ، عجم، بخارا، کابل، کشمیر، روم، حبش غرض ہر ملک کے لوگ یہاں موجود ہیں۔ خصوصاً اہل جادہ اور ترک بہت ہیں اسی طرح مصری بھی کثیر تعداد میں ہیں۔ یہ وہ لوگ ہیں جو یہاں مستقل آباد ہیں لیکن موسم حج میں یہاں جمع ہونے والوں کی کثیر تعداد کا اندازہ اللہ تعالیٰ کے سوا کوئی نہیں کر سکتا۔ ان کے اصناف واقسام کا بھی کوئی شمار نہیں۔ ہر ایک کے رسم ورواج الگ، زبان الگ، لباس الگ۔ مکہ معظمہ کے باشندے زیادہ تر حنفی ہیں، ان کے بعد شافعی اور پھر مالکی ہیں۔ حنبلیوں کی تعداد صرف تین ہے۔

مسجد الحرام کے خطبا اور ائمہ کی تعداد پچاس سے زائد ہے۔ ان میں سے تین حنفی ہیں، ایک حنبلی اور باقی شافعی و مالکی ہیں۔ ائمہ کی قرات و تجوید بہت عمدہ اور دلاویز ہوتی ہے۔ فجر کی نماز کے علاوہ تمام اوقات میں حنفی امام سب سے پہلے جماعت پڑھاتا ہے، پھر شافعی امام پڑھاتا ہے کیونکہ شوافع کے نزدیک غلس (اندھیرے) میں نماز پڑھنا مستحب ہے۔ اس کے بعد مالکی پھر حنبلی اور سب کے آخر میں حنفی امام نماز پڑھاتا ہے۔ اس لئے کہ احناف کے یہاں اسفارد (روشنی) میں نماز پڑھنا مستحب ہے۔ تفسیر اور حدیث اور فقہ کا جتنا علم ضروری ہے مکہ معظمہ میں رائج ہے، لیکن فلسفہ اور ریاضی کا یہاں رواج نہیں۔ فن ادب کی طرف لوگوں کا التفات کم ہے لیکن ادب کے نہایت بلند پایہ عالم یہاں موجود ہیں اور حریری اور جریر پر بھی نقد و جرح کی قابلیت رکھتے ہیں۔ ایک دن نماز کے بعد مسجد

حرام میں بیٹھا تھا کہ ایک کردستانی بزرگ نے جو میرے پہلو میں بیٹھے تھے، مجھ سے پوچھا فارسی جانتے ہو؟ میں نے کہا ہاں! کہنے لگے کیا تم وہی تو نہیں جس کی کشتی تباہ ہو گئی تھی۔ میں نے کہا ہاں میں وہی ہوں۔ انہوں نے کہا جب سے میں نے سنا ہے کہ تمہاری کشتی تباہ ہو گئی میرا جگر خون ہو گیا ہے۔ تمہارا ساز و سامان بھی تلف ہو گیا ہو گا۔ میرے پاس ایک خاک ہے یہ لے لو اور اپنا سامان درست کر لو۔ اس کے ساتھ ہی انہوں نے ایک پڑیا کمر سے نکال کر میرے سامنے رکھ دی۔ ان کی یہ بات سن کر مجھے سخت رنج پہنچا۔ میں نے دل میں کہا الٰہی میں تو بخشش کی طلب میں یہاں آیا ہوں نہ کہ زر کی۔ انہوں نے پھر اصرار کیا اور میں نے انکار کیا تو وہ بولے کیا مجھ کو شعبدہ باز یا مکار سمجھتے ہو؟ میں نے کہا میں کسی پر بدگمانی کرنے والا شخص نہیں، اس پر انہوں نے پھر اصرار کیا کہ یہ نہ سونا ہے نہ چاندی، محض خاک ہے اس کے لینے میں کیا عذر ہے؟ میں نے کہا

"اس خاک پر خاک ڈالیں، ہاں کوئی ایسی چیز دیں جو مس وجود کو سونا بنا دے۔"

انہوں نے کہا "ایسی چیز کی خواہش تم سے زیادہ مجھ کو ہے؟"

تمام علمائے مکہ میں شیخ عبد اللہ سراج ممتاز ترین شخصیت کے حامل ہیں، وہ حقیقی معنوں میں علم و دانش کی انجمن کے چراغ ہیں۔ ان کی تقریر دل کشا ہوتی ہے۔ شیخ موصوف حنفی ہیں۔ ہر صبح و شام ان کا درس ہوتا ہے۔ صبح کو درس حدیث اور شام کو درس تفسیر۔

شافعی علماء میں شیخ عثمان دمیاطی امام فن ہیں۔ شیخ احمد دمیاطی بھی بہت بڑے عالم ہیں۔ صرف و نحو اور تفسیر و فقہ میں درجہ۔۔۔۔۔۔ رکھتے ہیں۔ صبح کو فقہ شافعی اور مغرب کے درمیان تفسیر جلالین کا درس دیتے ہیں۔ مالکی علما میں شیخ محمد المرزوقی سب سے افضل ہیں، یہ نابینا ہیں۔ ان کے بھائی شیخ احمد فقہ مالکی کی مفتی ہیں۔ دونوں بھائی صبح و شام حدیث

اور فقہ کا درس دیتے ہیں۔

فقہ حنفی کے مفتی سید عبد اللہ میر غنی ہیں۔ بڑے پرہیز گار اور متقی ہیں۔ وہ ایک مرد باصفاہیں۔ مکہ کے اہل تصوف میں سب سے ممتاز سید محمد سنوسی مالکی ہیں۔ وہ سید احمد بن ادریس سنوسی کے خلیفہ ہیں اور بڑے خدارسیدہ بزرگ ہیں۔ اس برس شام کے قافلے کے ساتھ بیت المقدس گئے ہیں۔ دوسرے بزرگ شیخ محمد جان ہیں جو شاہ غلام علی قدس سرہ کے خلیفہ ہیں۔ بڑے مشغول اور صاحب صدق وصفابزرگ ہیں۔ انہوں نے مجھ پر کمال درجہ کی مہربانیاں کیں۔ ایک بزرگ بخارا کے سید محمد نقشبندی ہیں۔ حرم میں معتکف ہیں اور روٹی کے ایک ٹکڑے پر ان کا گزارہ ہے۔ جناب عبد اللہ آفندی، مولانا خالد کردی رحمۃ اللہ کے خلیفہ ہیں۔ مولانا خالد شاہ غلام علی کے خلفا میں سے تھے۔ نہایت مبارک بزرگ ہیں۔

حجاز پر آج کل احمد پاشا کی حکومت ہے، وہ والی مصر محمد علی پاشا کے بھانجے ہیں۔ اس سال سلطان روم سلطان محمود خاں نے وفات پائی اور ان کے فرزند عبد المجید خاں تخت نشین ہوئے۔ شاہ ایران فتح علی شاہ کے فرزند علی شاہ نے چند ماہ ایران کے تخت شاہی پر بیٹھ کر داد حکمرانی دی۔ پھر بھاگ کر قسطنطنیہ چلا گیا اور سلطان روم کی سرکار سے وابستہ ہو گیا۔ اس سال وہ حج کے لئے آیا ہے۔ حبشہ کی تکروری قوم کا بادشاہ بھی حج کے لئے مکہ حاضر ہوا۔

معمول کے مطابق شام، مصر اور مغرب (شمالی افریقہ) سے قافلے آئے ہیں۔ سب سے بڑا قافلہ شام کا ہے، جس میں دس ہزار اونٹ تین ہزار گھوڑے اور خچر شامل ہیں۔ یہاں سردی کم ہوتی ہے، مدت کے لحاظ سے بھی اور شدت کے لحاظ سے بھی، لیکن گرمی کی شدت کے جو قصے سنے تھے یہاں ویسی گرمی نہیں۔ بظاہر حجاز کی گرمی ہندوستان کی

گرمی سے زیادہ نہیں البتہ اس کی مدت زیادہ ہوتی ہے۔

۸ ذی الحجہ ۱۲۵۵ھ کو احرام حج باندھا اور منیٰ میں گیا، وہاں رات گزاری اور ۹ ذی الحجہ کو طلوع آفتاب کے بعد عرفات کا قصد کیا اور مسجد نمرہ کے قریب اترے۔ جمع بین الصلوٰتین کے بعد وقوف عرفات کیا۔ اس مبارک منزل پر رحمت الٰہی کے جوش کو احاطہ بیان میں لانا ممکن نہیں، جو یہاں آکر ٹھہرا وہی اس رحمت کو جانتا ہے۔ غروب آفتاب کے بعد عرفات سے مزدلفہ پہنچے اور وہاں رات گزاری، پھر صبح کے وقت مشعر الحرام سے روانہ ہو کر منی پہنچے اور رمی جمرۃ العقبی (کنکر مارنے) قربانی اور حلق (سر منڈانے یا بال ترشوانے) کے بعد مکہ معظمہ گئے۔ طواف زیارت کیا۔ اسی دن منی واپس ہو گئے۔ ۱۱ ذی الحجہ کو وہیں قیام کیا۔ ۱۲ ذی الحجہ کو رمی جمرۃ الدنیا کے بعد نماز عصر وادی محصب میں پڑھی اور پھر مکہ مشرفہ میں حاضر ہو گئے۔ اگرچہ سنت خیر الانام صلی اللہ علیہ وسلم تو یہ ہے کہ ۱۳ ذی الحجہ کو منی سے نکلے لیکن میں ۱۲ کو نکلنے پر اس لئے مجبور ہوا کہ والدہ ماجدہ اندازے سے زیادہ کمزور اور خستہ ہو گئیں۔ اس لئے ۱۲ ذی الحجہ کو ہمارا مکہ معظمہ پہنچنا ضروری تھا۔ فقہ حنفی کے مطابق اگر طواف زیارت کے بغیر ۱۲ ذی الحجہ گزر جائے تو آدمی گنہگار ہوتا ہے۔ چونکہ نماز مغرب سے پہلے مکہ معظمہ پہنچنا لازم تھا۔ اس لئے سنت کے مطابق وادی محصب میں پوری چار نمازیں (ظہر، عصر، مغرب اور عشاء) بھی نہ پڑھ سکے، البتہ نماز عصر وہاں پڑھنے کی سعادت میسر آگئی۔

اسی مقدس سرزمین میں میری والدہ نے سفر آخرت اختیار کیا، چار دن کے بعد نانی صاحبہ بھی فوت ہو گئیں۔ دونوں کی جنت المعلیٰ میں دفن ہونے کی سعادت نصیب ہوئی۔ میری والدہ کی خوش نصیبی دیکھو کہ ان کو ام المومنین حضرت خدیجۃ الکبری کے مزار کے پہلو میں جگہ ملی۔

مدینہ طیبہ کو روانگی

مکہ معظمہ سے مدینہ منورہ کا راستہ پانچ سال سے غیر محفوظ تھا۔ صحرائی بدو حاجیوں کے قافلے لوٹ لیتے ہیں، اسی وجہ سے حجاج بہت متفکر تھے کہ ایسا نہ ہو خواجہ دو عالم صلی اللہ علیہ وسلم کی دربار عالی میں حاضری نہ ہوسکے، لیکن اللہ تعالیٰ کے فضل سے حالات نے ایسا پلٹا کھایا کہ اب قافلوں کے بغیر بھی بے خطر جاسکتے ہیں۔ اس کی شرح یہ کہ شریف محمد بن عون کو والی مصر نے کئی سال تک مصر میں بند رکھا اور اب اس شرط پر مدینہ منورہ کا انتظام اس کے سپرد کیا ہے کہ مکے اور مدینے کے درمیان آنے جانے والے مسافروں کو مطلق کوئی خطرہ نہ ہو۔ یہاں تک کہ ایک تنہا بڑھیا بھی رہزنوں کا خوف محسوس نہ کرے، چنانچہ وہ ان مبارک دنوں میں مصر سے مدینے آئے اور اعراب کو جمع کر کے ان سے معاہدہ کیا کہ وہ قتل و غارت اور رہزنی سے باز رہیں گے۔ ۲۵ فروری ۱۸۴۰ عیسوی مطابق ۲۲ محرم الحرام ۱۲۵۶ھ کی شام مکے میں دو ماہ پانچ روز قیام کے بعد ہم مدینہ منورہ کے لئے چل پڑے اور وادی فاطمہ خلیص اور بئر قضیمہ پر منزلیں کرتے ہوئے ۲۶ محرم کو رابغ پہنچے۔

رابغ ایک چھوٹا سا قصبہ ہے۔ اس جگہ ایسی باد سموم چلی کہ ہمارے کئی ساتھی لقمہ اجل ہوگئے۔ ان کے گور و کفن کا انتظام کرنے کے لئے ۲۷ محرم کو بھی رابغ میں قیام کرنا پڑا۔ حالت یہ تھی کہ ایک کی نماز جنازہ پڑھ رہے ہیں، ایک کا کفن سی رہے ہیں، ایک کو غسل دے رہے ہیں، ایک عالم نزع میں ہے اور ایک پر باد سموم کا اثر نمایاں ہو رہا ہے۔ مردوں کی تدفین کر کے اور بیماروں کو اٹھا کر ۲۸ محرم کو رابغ سے چل پڑے اور اگلی صبح

بئر مستورہ پہنچ گئے۔ یہاں تک آتے آتے ہمارے کئی اور ساتھی بھی باد سموم کے اثر سے جنت کو سدھار گئے۔

۲۹ محرم کو بئر مستورہ سے چل کر وادی عصفرا، خیف اور جدیدہ میں سے ہوتے ہوئے ۴ صفر کو ذوالحلیفہ پہنچے۔ یہ اب بئر علی کہلاتا ہے اور مدینہ منورہ سے تین کوس کے فاصلے پر ہے۔ یہ وہ مبارک مقام ہے جہاں رسول اکرم صلی اللہ علیہ وسلم نے احرام حج باندھا ہے۔ جب ہمارا قافلہ ذوالحلیفہ سے گزرا تو میں نے دیکھا کہ ایک عاشق شوریدہ سر رقصاں جارہا ہے اور اس کی زبان پر یہ شعر جاری ہے۔

شکر للہ کہ نمردیم ورسیدیم بدوست

آفریں باد بریں ہمت مردانہ ما

(اللہ کا شکر ہے کہ میں مرنے سے پہلے دوست کے پاس پہنچ گیا ہوں۔ اس ہمت مردانہ پر آفرین ہے۔) اس نے یہ شعر کتنا برمحل پڑھا اس کی کیفیت بیان نہیں ہو سکتی۔ دن کا چھٹا حصہ گزر گیا تھا کہ زیارت طیبہ (مدینہ منورہ) کی سعادت کونین نصیب ہوئی۔ آداب ضروری بجالانے اور سلطان ہر دوسرا کے دربار میں حاضری سے مشرف ہونے کے بعد ہم نے جو کچھ کیا وہ کیا۔ منشی کرامت علی شہیدی جو مشہور شاعر ہیں اور جن کا ذکر میں نے 'گلشن بے خار' میں بھی کیا ہے، راستے میں وبا سے متاثر ہو گئے تھے۔ انہوں نے مدینہ منورہ میں وفات پائی اور جنت البقیع میں مدفون ہوئے۔

قسمت نگر کہ کشتہ شمشیر عشق یافت

مرگے کہ زندگاں بدعا آرزو کنند

قسمت تو دیکھئے کہ شمشیر عشق کے مقتول نے وہ موت پائی ہے کہ زندہ افراد بھی دعا میں جس کی آرزو کرتے ہیں۔ جب نظر خواجہ دوعالم صلی اللہ علیہ وسلم کے قبہ اطہر پر پڑتی

ہے تو دیدہ و دل کے لئے کیف و سرور کا ایک عجیب عالم ہوتا ہے اور اس حریم قدسی میں جو کیفیات ظاہر ہوتی ہیں، ان کا اندازہ وہی کر سکتا ہے جس کو اس دربار میں حاضری کی سعادت نصیب ہو، جو اس بقعہ مبارکہ میں آگیا، واللہ! موت سے پہلے جنت میں اس کا گزر ہو گیا۔ اگر یہ بات کہنے پر کوئی مجھ سے الجھے تو وہ تھوڑی سے زحمت کر کے اہل علم سے مابین قبری و منبری روضہ من ریاض الجنتہ کے معنی پوچھ لے۔ اس بندہ کمینہ کو اللہ تعالیٰ نے اتنے انعامات سے نوازا ہے کہ اگر اسے عمر نوح مل جائے اور ہر سر مو کو طاقت گفتار مل جائے، پھر تمام عمر اس کا شکر ادا کرتے گزر جائے تب بھی اس کے ایک انعام کا شکر مشکل ہی سے ادا ہو سکے۔ اب یہاں حاضری کی جو نعمت اللہ تعالیٰ نے عطا کی ہے وہ تمام انعامات سے بڑی نعمت ہے۔ الحمد للہ ثم الحمد اللہ مدینہ منورہ جس پر ہر آن انوار الٰہی باران بہار کی طرح برستے ہیں اس کے باشندے سرور عالم صلی اللہ علیہ وسلم کے خلق عمیم کی تاثیر سے نہایت متواضع اور مہمان نواز ہیں۔

اس وقت یہاں کے علماء میں سب سے ممتاز شیخ محمد عابد ہیں۔ ان کی جائے ولادت سندھ ہے اور پرورش یمن میں ہوئی ہے۔ چند سال سے حرم مدینہ میں مقیم ہیں۔ ان کی عمر ستر اور اسی کے درمیان ہے۔ نہایت پاک باطن اور پاکیزہ خو بزرگ ہیں۔ مسجد نبوی میں درس دیتے ہیں۔ عصر اور مغرب کے درمیان در مختار اور مغرب و عشا کے درمیان تفسیر بیضادی، کے مطالب بیان کرتے ہیں۔ وسعت روایت اور جرح و تعدیل رواۃ دونوں اعتبار سے اعلیٰ درجے کے محدث ہیں۔ متعدد کتابوں کے مصنف ہیں۔ در مختار پر حاشیہ لکھا ہے جو نو دس بڑی بڑی جلدوں میں ہے۔ ہر وقت تصنیف و مطالعے میں مشغول رہتے ہیں۔ ایک مصری نابینا عالم ہیں جن کو اکثر علوم میں مہارت حاصل ہے۔ ایک اور عالم ہیں وہ بھی غالباً مصر کے ہیں۔ عصر اور مغرب کے درمیان درس دیتے ہیں، یہاں رام پور کے

ایک بزرگ سید گل محمد ہیں، ان جیسے دنیا سے بے رغبت لوگ شاذ ہی ملتے ہیں۔

ایک بزرگ مولوی عبد اللہ ہیں جو ہندوستان کے امیر زادوں میں سے ہیں۔ دنیوی جاہ و حشمت ترک کر کے در رسول پر آ پڑے ہیں۔ نہایت شیریں زبان اور خوش بیان ہیں۔ لوگوں کے اکثر رکے ہوئے کام ان کے ذریعے حسب دلخواہ پورے ہو جاتے ہیں۔ ایک بزرگ شیخ عبد اللہ بن عمر ہیں، سادات حضر موت سے ہیں۔ میں نے بمبئی میں ان کی شہرت سنی تھی۔ روانگی کے وقت ان سے سرسری تعارف ہوا۔ میں نے ان جیسا پابند اوقات کم دیکھا ہے۔

مسجد نبوی میں خطبا دائمہ کی تعداد اسی کے لگ بھگ ہے۔ مسجد میں صرف حنفی اور شافعی امام جماعت کراتے ہیں۔ احناف صبح کی نماز کے سوا باقی سب نمازوں میں سبقت کرتے ہیں۔ حنبلیوں اور مالکیوں کی جماعت مسجد نبوی میں نہیں ہوتی۔ خطبائے مدینہ جیسی فصاحت و بلاغت اور ان جیسا حسن بیان میں نے کہیں نہیں دیکھا۔ اکثر پیش امام حنفی ہیں، چند شافعی اور دو تین مالکی۔ حنبلی معلوم نہیں کوئی ہے بھی یا نہیں۔ مدینہ منورہ میں ترک بڑی تعداد میں آباد ہیں۔ استنبول کا آئین اور قسطنطنیہ کا قانون مکے سے زیادہ یہاں رائج ہے۔

ایک ماہ نو دن مدینہ میں قیام کے بعد یوم فراق آ پہنچا۔ بھرے دل اور اشکبار آنکھوں سے اس شہر مقدس کو الوداع کہا اور ۱۴ ربیع الاول کو مکہ معظمہ کی طرف چل پڑے۔ دو منزلیں طے کر کے بدر کا قصد کیا اور ۱۷ ربیع الاول کو اواخر شب میں وہاں پہنچے۔ صبح شہدا کے مزاروں پر فاتحہ پڑھی۔ بدر ایک چھوٹی سے بستی ہے۔ یہاں پانی کا چشمہ جاری ہے۔ سنا ہے آگے پانی کمیاب ہے، اس لئے ہم نے یہاں سے پانی ساتھ لے لیا۔ ۱۸ ربیع الاول کو بدر سے روانہ ہوئے اور خیط، بئر مستورہ، رابغ، بئر قضیمہ، خلیص،

وادی فاطمہ اور سرف پر منزلیں کرتے ہوئے ۲۶ ربیع الاول کو آدھی رات کے وقت مکہ معظمہ پہنچ گئے۔ احرام رابغ میں ہی باندھ لیا تھا۔ سب ہی نے طواف و سعی بین الصفا و المروہ کا فریضہ ادا کیا۔

اہل مکہ موسم گرما کی شدت میں طائف چلے جاتے ہیں۔ یہ گرمی کا زمانہ ہے۔ مکے سے قافلے طائف جا رہے ہیں۔ راقم کے دل میں بھی طائف کی سیر کا اشتیاق پیدا ہوا۔ معلوم ہوا کہ طائف کے دو راستے ہیں، ایک جبل کرہ سے، اس میں ایک دن لگتا ہے لیکن پہاڑ کی چڑھائی اترائی بہت تکلیف دہ ہے، اس لئے اکثر لوگ دوسرے راستے سے سفر کرتے ہیں۔ اس دوسرے راستے کی بھی تین شاخیں ہیں۔ (۱) براہ زیمہ، اس میں سایہ دار درخت نہیں۔ (۲) براہ سہلا، یہ پورا راستہ سرسبز اور شاداب ہے۔ (۳) برائے جعرانہ۔ یہ دوسرے تمام راستوں سے طویل ہے۔ خواجہ عالم صلی اللہ علیہ وسلم اسی راستے سے طائف تشریف لے گئے تھے۔ پانچ دن حرم محترم میں قیام کر کے ۳۰ ربیع الاول کو براہ سہلہ طائف روانہ ہوئے۔ سہلہ اور سل پر منزلیں کرتے ہوئے ۳ ربیع الثانی کو وہاں پہنچ گئے۔ طائف کا موسم بڑا خوشگوار ہے۔ شدید گرمی کا زمانہ ہے لیکن یہاں دن کو حدت کا نام نہیں اور راتیں تو اتنی سرد ہیں کہ کھلی جگہ نہیں سو سکتے۔ پانی یہاں کا نہایت خنک ہے، پھل ہر قسم کے بافراط ملتے ہیں مثلاً انگور، انجیر، آڑو، سیب، امرود، بہی، خوبانی، شہتوت، زرد آلو وغیرہ۔ یہاں سید عالم صلی اللہ علیہ وسلم کی چند یادگاریں مشہور ہیں۔ حبر الامہ ترجمان القرآن حضرت عبد اللہ بن عباس رضی اللہ اور حضرت زید بن ثابت رضی اللہ کے مزار یہیں ہیں۔ حضرت عکرمہ رضی اللہ مولیٰ ابن عباس رضی اللہ کی قبر طائف کے مضافات میں ہے۔ طائف میں مستقل آباد لوگوں کی تعداد کچھ زیادہ نہیں لیکن اہل مکہ کے جمع ہو جانے سے خوب رونق ہو جاتی ہے۔ عمارتیں یہاں کی سب کچی ہیں۔ طائف

سے ایک کوس کے فاصلے پر مثنیٰ نام کی ایک بستی ہے جو باغوں کا مرکز ہے۔ ابھی آٹھ دن یہاں گزرے تھے کہ خبر ملی بحری سفر کا موسم گزرا جاتا ہے۔ تمام سفینے چلے گئے، صرف دو جہاز ساحل پر ہیں اور وہ بھی جلد روانہ ہونے والے ہیں۔ یہ سن کر دل غمگین ہو گیا کہ دیار عرب سے جلد رخصت ہونا پڑے گا لیکن ایک سال مزید قیام کا بوجوہ موقع نہ تھا۔ اس لئے طائف سے فوراً سوئے حرم روانہ ہو پڑے۔ اسی سراسیمگی کے باعث جعرانہ کے راستے واپسی نہ ہو سکی۔ ۱۲ ربیع الثانی کو نماز فجر کے آخر وقت مکہ معظمہ پہنچ گئے۔ گرمی شدید تھی، اس لئے مغرب اور عشاء کے درمیان طواف وسعی کا فریضہ ادا کیا۔

پندرہ روزہ مکہ معظمہ میں قیام کے بعد دل گرفتگی اور حزن و ملال کے عالم میں طواف الوداع کیا اور ۲۶ ربیع الثانی کو نماز عشاء کے بعد با دیدۂ گریاں مکہ معظمہ سے رخصت ہوئے۔ اگلے روز جدہ پہنچے۔ یہاں سے دو کوس کے فاصلے پر وہ مبارک مقام ہے جہاں بیعت رضوان ہوئی تھی۔ اب وہاں ایک مسجد بنی ہوئی ہے۔ دوسرے دن صبح کو نماز اس مسجد میں پڑھی الحمدللہ۔ ۲۸ کو دن چڑھے جدہ پہنچ گئے۔ جدہ اگرچہ بڑا شہر نہیں لیکن بہت آباد ہے۔ تاجروں کے اجتماع کی وجہ سے خوب رونق ہے۔ یہاں مچھروں اور مکھیوں کی کثرت ہے اور پانی کی قلت۔ جدہ ساحل سمندر پر واقع ہے۔ شہر کے باہر حضرت حوا کا مزار مبارک ہے۔ نو روز جدہ میں ٹھہرے اور ۱۱ جمادی الاول کو جہاز حدیدہ کی بندرگاہ میں ٹھہرا۔ ہم نے اتر کر جامع مسجد میں نماز ادا کی۔ پھر اسی مکان میں اترے جہاں آتے ہوئے قیام کیا تھا۔ آج کل یہاں طرح طرح کے پھل ملتے ہیں، ان میں سب سے لذیذ خرما اور پھر انگور، آم بھی اس جگہ مل جاتا ہے۔ اس مرتبہ فقیہ عمر سے خوب ملاقاتیں رہیں۔

میں حضرت سید احمد مقبول دریھی سے ملنے کا بے حد آرزومند تھا۔ ۲۲ جمادی الاول

کی شب دریھم روانہ ہوا اور دن نکلتے نکلتے وہاں پہنچ گیا۔ حضرت سید سے مصافحے کا شرف حاصل ہوا۔ انہوں نے لطف و کرم کا معاملہ کیا۔ بشارتیں دیں۔ بعض ثقہ لوگوں نے ان کی کرامات کے واقعات سنائے۔ ان کی عمر اس وقت ایک سو سال کی ہے۔ کچھ عرصہ ہوا اللہ نے انہیں ایک فرزند عطا کیا ہے۔ لوگ اس بات کو بھی ان کی کرامت سمجھتے ہیں۔

۲۳ جمادی الاولی کو ایک گھڑی دن رہے دریھم سے روانہ ہوا اور رات کو حدیدہ پہنچ گیا۔ حال ہی میں ملک یمن میں یہ واقعہ پیش آیا کہ وہ ترکوں کے اقتدار سے نکل کر امام صنعا کے زیر نگیں آ گیا ہے۔ امام صنعا کوہستانی علاقے میں مقیم تھا۔ اچانک اس کی قسمت جاگ اٹھی اور سلطنت مل گئی۔ سبحان اللہ! ہمارے جاتے وقت یمن پر ترکوں کی حکومت تھی، اب واپس ہوتے ہوئے جہاں سے گزر رہے ہیں تو اس پر امام صنعا کی حکمرانی ہے۔ عشرت گیتی کو ثبات اور دولت دنیا کو بقا نہیں۔ سلطان روم کا نام خطبے سے نکال دیا گیا ہے اور امام صنعا کا خطبہ اور سکہ جاری ہو گیا ہے۔ امام صنعا زیدی مذہب کا پیرو ہے لیکن اس نے موحدین (اہل حدیث و سنت) کے بھی بعض طریقے اختیار کر لئے ہیں اور احکام شرع پوری قوت سے نافذ کر دیئے ہیں۔ نماز کے اوقات میں منادی گھر گھر اور گلی گلی پھرتے ہیں اور تساہل کرنے والوں کو بزور مسجد میں لے آتے ہیں۔ جو شخص کسی عذر کے بغیر جماعت کے ساتھ نماز نہ پڑھے، اس پر جرمانہ ہوتا ہے۔

دسویں دن حدیدہ کے پاک سرشت لوگوں کو الوداع کہہ کر جہاز میں سوار ہوئے۔

۲۷ جمادی الاولیٰ کو جہاز حدیدہ سے روانہ ہو کر ۲۸ کو مخا کی بندرگاہ میں لنگر انداز ہوا۔ ۲ جمادی الاخریٰ کو نماز ظہر کے وقت جہاز مخا سے روانہ ہوا۔ رات کے وقت باب المندب سے بخیریت نکل گئے۔ تین دن تک باد موافق چلتی رہی۔ چوتھے دن سمندر کی موجوں نے جہاز کو بحر عجم میں ڈال دیا اور ساحل پر واقع ایک پہاڑ کی تلھیٹی میں جا پہنچایا۔ پورے

چھ دن اسی جگہ گرداب میں پھنسے رہے۔ جب ہوا تیز چلتی تو جہاز پہاڑ سے دور ہو جاتا، جب ہوا کا زور کم ہو جاتا تو پانی کا زور چلتا اور وہ جہاز کو پھر پہاڑ کی تلھیٹی کی طرف لے جاتا۔ ہر شام خوش ہوتے کہ آج پہاڑ سے دور چلے گئے لیکن جب سپیدہ سحر نمودار ہوتا تو جہاز کو پہاڑ سے اور بھی قریب دیکھتے۔ بارے ہماری دعائیں در اجابت پر پہنچیں، ہوائے موافق مسلسل چلنے لگی اور دو دن میں پانی کی گرفت سے ہم نکل آئے۔ ۲۰ جمادی الاخریٰ کو جہاز بمبئ کے ساحل پر لنگر انداز ہوا۔

بارش اور خرابی راہ کی وجہ سے بمبئ میں ایک ماہ پانچ دن قیام کرنا پڑا۔ ۱۶ شعبان ۱۲۵۶ھ کو بمبئ سے رخت سفر باندھا اور منزل بمنزل ۲۷ کو سورت ۲۵ شوال کو احمد آباد سے چلے اور منزل بمنزل ۲۵ ذی قعدہ کو اجمیر شریف پہنچے، پانچ چھ دن اجمیر میں قیام کر کے وہاں سے رخصت ہوئے۔ ایک ہفتہ جے پور میں گزارا اور وہاں سے ریواڑی اور گوڑ گاؤں ہوتے ہوئے درگاہ حضرت خواجہ قطب الاقطاب قدس سرہ میں پہنچے۔ تمام اعزہ و اقارب نے وہاں آکر ملاقات کی اور دل خوش ہوا۔ ۲۳ ذی الحجہ ۱۲۵۶ھ کو بعد زیارت حضرت سلطان المشائخ اور والد مغفور چاشت کے وقت شاہ جہان آباد (دہلی) وارد ہوئے۔ یہاں سب سے پہلے حضرت مولانا محمد اسحاق کی ملاقات کا شرف حاصل کیا، اس کے بعد گھر پہنچے۔ سفر حج کی تمام مدت دو سال اور چھ دن ہے۔

* * *

ایک یادگار اور تاریخی سفرنامہ

ابن بطوطہ کا سفرنامۂ ہندوستان

مصنف: اقبال احمد

بین الاقوامی ایڈیشن منظر عام پر آچکا ہے